W9-CLY-279

IRIS   ZVIANE

L'ostie d'chat

TOME 1

shampooing

Merci Gilles. Merci Elena pour la traduction en italien.

Dans la même collection :
- *100.000 Milliwatts (un volume)* - Diego Aranega & Jochen Gerner
- *Bludzee* - Lewis Trondheim
- *Boule de neige* - collectif
- *Les Carnets de Joann Sfar (quatre volumes)*
- *Charlotte Gainsbourg mon amour* - Fabrice Tarrin
- *Chicou Chicou* - collectif
- *Chroniques birmanes* - Guy Delisle
- *Chroniques de Jérusalem* - Guy Delisle
- *Comédie sentimentale pornographique* - Jimmy Beaulieu
- *Conventum* - Pascal Girard
- *Croisière cosmos* - Olivier Texier
- *Crépin & Janvier* - Sophie Guerrive
- *Les Drague-Misères* - Thomas Mathieu
- *L'Étirement du plexus brachial* - Sylvain-Moizie
- *Fables nautiques* - Marine Blandin
- *Fanfare* - Aude Picault
- *Fennec* - Yoann & Lewis Trondheim
- *Feuille de chou (deux volumes)* - Mathieu Sapin
- *Fido face à son destin* - Sébastien Lumineau
- *La Fille du savant fou (trois volumes)* - Mathieu Sapin
- *Les Frères Zimmer* - Jérémy Mahot
- *L'Hôtel des touristes* - Charles Dutertre
- *Île Bourbon 1730* - Lewis Trondheim & Appollo
- *Jerry Stobart (un volume)* - Ale
- *Journal d'Italie (un volume)* - David B.
- *Le Journal du lutin (deux volumes)* - Allan Barte
- *Le Journal d'un remplaçant* - Martin Vidberg
- *Journal intime d'un lémurien* - Fabrice Tarrin
- *Libre comme un poney sauvage* - Lisa Mandel
- *Louis à la plage* - Guy Delisle
- *Louis au ski* - Guy Delisle
- *Maison close* - collectif
- *Le Masque du Fantôme (un volume)* - Fabien Grolleau
- *Le Mec du milieu* - Sophie Awaad
- *Mega Krav Maga (deux volumes)* - Frantico, Mathieu Sapin & Lewis Trondheim
- *Mes voisins les Yamada (trois volumes)* - Hisaichi Ishii
- *Mister I* - Lewis Trondheim
- *Mister O* - Lewis Trondheim
- *Naguère les étoiles (trois volumes)* - Hervé Bourhis & Rudy Spiessert
- *Notes (six volumes)* - Boulet
- *Nico Shark, un ami pour cinq ans* - Frantico
- *Ovni* - Fabrice Parme & Lewis Trondheim
- *Pattes d'eph et col roulé* - Fred Neidhardt
- *Les Petits Riens (cinq volumes)* - Lewis Trondheim
- *La Peur du rouge* - Fred Neidhardt
- *Poco-Woki, prince des chasseurs* - Tofépi
- *Rillettes au sucre (quatre volumes)* - Clémence
- *Ronchon & Grognon* - Queroy & Oiry
- *Le Roi de la savane* - Daniel Blancou
- *Saga Poche* - Mathieu Sapin
- *Scoops à gogo* - Jacques Azam
- *Scoops de pro* - Jacques Azam
- *Sophia* - Capucine et Libon
- *Telle est une Estelle* - Sylvain-Moisie
- *Transat* - Aude Picault
- *Trois Ombres* - Cyril Pedrosa
- *Un été top secret* - Aaron Renier
- *Virginie, une histoire qui sent la colle Cléopâtre* - Kek
- *Wizz & Buzz (deux volumes)* - Winshluss & Cizo

De Zviane, aux Éditions Monet :
- *Le Point B*

Aux Éditions Les 400 Coups :
- *La Plus Jolie Fin du monde*

Aux éditions Grafigne :
- *Le Quart de millimètre*

Aux Éditions Glénat :
- *Histoires d'hiver* - collectif
- *Partie de pêche* - collectif

Aux éditions de l'homme :
- *Zik & BD* - collectif

Aux éditions Pow pow :
- *Apnée*

D'Iris, aux Éditions Les 400 Coups :
- *Dans mes rellignes*

Aux Éditions La Pastèque :
- *Justine*

shampooing

Collection dirigée par Lewis Trondheim.

© 2011 Guy Delcourt Productions

Tous droits réservés pour tous pays
Dépôt légal : août 2011. I.S.B.N. : 978-2-7560-2597-1

Conception graphique : Trait pour Trait, Iris & Zviane

Achevé d'imprimer en novembre 2011
par CPI Aubin Imprimeur, à Ligugé

www.editions-delcourt.fr

Le blog de *L'Ostie d'chat* :
http://legolaslove.canalblog.com/

Le blog de Zviane :
http://www.zviane.com/prout

Le blog d'Iris :
http://monsieurleblog.canalblog.com/

DING DONG!

Hum... j'attends personne...

MAA OOO UUU!!

REPRENDS-LE CHUIS PU CAPAB'!!

MAA AOUUU UUU

C'est l'enfer! Il a vomi sur mon couvre-lit hier, pis là j'avais ramené une fille chez nous pis tsé elle le trouvait super cute, mais là avec le vomi...

OK OK! Les nerfs! Tu rentres prendre une bière?

Pfff...

Ouais...

MAAAAAOOOOO
MAAAAAOOWW!

Ça serait tellement plus simple si un des anciens colocs l'avait gardé c't'ostie d'chat-là...

Ben je peux le prendre à temps plein si tu veux...

Hum... nonon... Les filles aiment ça les chats!!! Ça marche au boutte j'te dis!

Hé -hé

Mais tsé quand Julie est partie, j'ai ben essayé de rappeler tous les autres...

J'sais ben...

Prrr
Prrr
Pr

2

4

Il y a longtemps... fin 2007.

PSCHHHH

QUOI ?? Il s'est suicidé ??

Ben oui, euh, j'pensais que tu l'savais !...

Comment ça se fait que chui pas au courant? ça s'est passé quand ??

Euh... Ya p't'être une couple d'années...

J'pense que c'est pendant que t'étais à Jonquière.

Cool! Personne me l'a dit!

Ben là !... Tu peux pas partir 2 ans loin de tout le monde sans t'attendre à en manquer des bouts.

Ouais mais c'est quand même pas un détail !...

Il s'est suicidé... Eh ben... 5

7

J'm'en prends une autre, t'en veux-tu une?

Euh...

Ok.

Entoucas, tout ça pour dire que?...

Tiens.

Tout ça pour dire que tout le monde qui a déjà été coloc ici veut que je garde le chat en sa mémoire...

...pis y en a pas un christie qui veut le prendre.

PRRRR

6

c't'une maudite folle anyway.

Eille, j'y pense, t'aurais pas ça, toi, du cumin?

Du cumin??

Ouin, j'fais un coucous à l'agneau pour une fille mais j'me suis aperçu que j'avais pas de cumin... pis j'ai pu une cenne... T'en aurais pas?

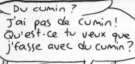

Du cumin? J'ai pas de cumin! Qu'est-ce tu veux que j'fasse avec du cumin?

T'as pas de cumin?? Ben voyons d'onc !!!

Pourquoi t'envoies pas des C.V. pour être cuisinier à la place de travailler dans le 3D?

Parce que j'ai pas envie de commencer à 7$ de l'heure.

Ouin, mais tu te trouverais peut-être une job plus vite.

PIZZA

Non, non, je suis supposé recevoir un téléphone en fin d'après-midi.

8

D'ailleurs, faut que j'y aille, faudrait pas qu'y appellent pendant que chu pas là...

Bon ben merci pour la bière!

Pas de troub'!

Tu viendras chez nous demain pour souper goûter mon couscous!

Non, demain j'peux pas, j'ai une pratique avec le band.

Ben un 'ment d'né, d'abord! Bye!

Bye!

BYE le chat.

SHHHH

Bon... qui c'est qui aurait du cumin?...

9

13

14

Arrête! Amélie! STOP! NON!

Tu veux pas que je te suce parce que tu me trouves répugnante!!!

seigneur...

Je suis répugnante, dis-lé donc que j'te dégoûte!

T'es pareil comme toutes les autres! J'te déteste! J'te déteste!

M

J'te...

Bouhouuuuu...

17

23

Ah oui! Il m'en reste un fond!

GÉNIAL !!!

Tu m'en passes-tu?

Hein, entre amis, il faut partager des choses...

Ouais, ok, prends-le...

Merci, Amélie! Super !!

Bon, allez, je dois filer, c'était bien chouette, merci pour le cumin !

Tu reviendras me voir ?

Bien sûr, ma chouette. Allez, prends soin de toi! Pense à tes beaux sourcils de combattante !

hi hi!

Bye, là.

Bye Jean-seb.

22

THE PIPES

C'est beau chez vous les filles!

Ah ouaiiis! Elle était hot cette affiche-là!

Eille c'est rare qu'on prend une bière tous ensemble après une pratique! C'est cool!

Ben, y'a Tim qui se cale deux grosses Laurentide pendant les pratiques... Mais bon, ça compte pas...

Hihi!

En fait... on vous a invitées pour vous parler de quelque chose.

Ouain... ben, Gen pis moi on a décidé que THE PIPES c'est fini... On est un peu tannées du p'tit rock grunge.

Ouais on est rendues trop vieilles pour rocker de même... pis tsé on pensait adopter un enfant, maintenant que Lisa fait plus d'argent...

25

QUOI !!

Je sais ben que c'est votre band, mais vous pouvez pas nous faire ça!!! Pis on a plein de shows de 'bookés! Come on!

Ouais...mais notre décision est prise...On a acheté une bouteille de vodka pour... hum... virer une dernière brosse avec vous...

Mais NON! Ça a pas d'allure...J'étais sérieux moi quand j'ai commencé à jouer avec vous autres...C'est ce que je veux faire dans' vie moi jouer dans un band, faire des tournées...

COME ON TIM!! Dis de quoi là!

?

BUURRP...

COOL, d'la vodka

Tsssss...

Vous me brisez vraiment le cœur les filles.

Tu vas t'en trouver un autre band, Jas.

26

28

27

Le lendemain...

Faque c'est fini-fini ?!!

Ouain... elles ont l'air pas mal certaines de leur affaire.

Elles ont dit pourquoi?

Pas vraiment...Quoique c'est peut-être pour le mieux. Les trois quarts du temps Tim était trop saoul pour enligner trois accords'...

Pfff... J'crois pas qu'y'est en état d'entendre.

Heu... t'es sûr que tu devrais dire ça devant lui ?

T'aurais peut-être pas dû l'inviter si tu voulais parler du band avec moi...

Je l'ai pas invité, y'est juste TOUJOURS ici!

Haha! Comme toi!

28

30

C'est pas pareil... Je suis souvent ici, mais j'ai passé mon trip de me mettre dans des états pareils!

Ah, sauf l'autre soir... Quand on est allés chez Gen et Lisa!! C'est ça que j'voulais te conter!

Chuis rentré vraiment saoul... pis j'ai comme un peu pété une coche sur St-Hubert...

Hannn!

Hihihi! C'est tellement pas ton genre... Tu devais être vraiment fini!!

Ouain... entoucas.

Fallait que j'croise un char de police!! Tsé, chuis con, j'aurais tellement dû rentrer par les ruelles au lieu de prendre St-Hubert!

Hahahaha!

Ris pas, c'est pas drôle!! Y'ont failli m'amener au poste. Ça m'a tout pris pour les convaincre de m'laisser partir.

Y m'avaient quand même vu péter une bière à terre!

29

31

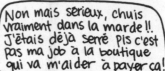

Faque y m'ont pas amené au poste mais y m'ont quand même donné une estie de méga amende!!!

Honnn... Hihi!

Non mais sérieux, chuis vraiment dans la marde!! J'étais déjà serré pis c'est pas ma job à la boutique qui va m'aider à payer ça!

Tu m'prêterais pas un p'tit 100?

Heu... désolée mais, chuis vraiment cassée moi aussi...

D'ailleurs faut que j'y aille, j'travaille dans une heure.

Mais... tu viens de boire trois pintes!

Pfff... Salut là... On se reparle pour l'histoire du band, j'ai peut-être une plogue pour toi.

Heu... O.k. Bye.

Bon... mon Tim, on s'boit une autre pinte? T'es peut-être un soûlon, mais t'es mon soûlon préféré...

Héhé

30

♪♪

Julie! J'ai acheté le CD dont j't'e parlais l'autre...

Heu... on allait t'en parler... Ça fait pas longtemps que ça dure...

O.k.! Parce que c'est pas la première fois?!! T'es un ostie d'crotté Jean-Sébastien Manolli!!

Je t'héberge pour te dépanner pis tu te tapes ma blonde!

Ben là, c'est pas juste moi, on est amoureux... C'est de ça qu'on voulait te parler.

TOI MON SA-CRAMENT SORS D'ICITTE!! J'VEUX PU T'VOIR LA FACE!

Non.

32

34

35

36

Ne me regarde pas!

Sofia! Qu'est-ce que t'as ?—
Ne me regarde pas!

Il y a des graines noires dans ma tête!

Il y a des plantes noires qui poussent dans mon cerveau!

Elles veulent sortir! AIDEZ-MOI! — Sofia!

Qu'est-ce qui se passe? — Je sais pas.

NE ME REGARDE PAS! Sofia!

NE ME REGARDE PAS!

40

42

CHE SUCCEDE QUI?

Aidez-moi! Je deviens folle!... - QU'EST-CE QUI SE PASSE ICI?

Papa! c'est Sofia qui - Je deviens folle! Il y a des graines noires dans ma tête!

Il y a personne de fou ici! Arrête de crier!

Aidez-Moiiii! - ARRÊTE DE CRIER!

41

43

SLAP!

Non permetterò più un comportamento del genere in casa mia!

Je ne permettrai pas ce comportement dans ma maison!

E Voi? Cosa avete da guardare? A letto, subito!

Et vous, qu'est-ce que vous regardez? Au lit, vite!

SUBITO!

VITE!

Qualcuno potrebbe abbracciarmi?...

42

Est-ce que quelqu'un pourrait juste me serrer dans ses bras?...

DRRiiiiiiiiiNG!

☆ Salut ☆ Mélissa?...

testostérone
testostérone

Sono la mamma!

Perchè non mi chiami??

Rhâââ maman...

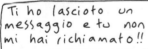

Ti ho lasciato un messaggio e tu non mi hai richiamato!!

Maman, parle-moi donc en français, là...

Non mi vuoi più parlare? Vuoi far morire la tua vecchia mamma???

Maman! Je t'ai pas rappelée parce que j'avais juste pas le temps!!

45

Voi non mi richiamate mai! Ai mia tiempi, esisteva il rispetto per i propri genitori!!!

tidou♪ ♪tidou

merde

Oh fuck.

♪tidou♪

Appel de Mélissa

Bon maman, j'te laisse, j'ai de la visite pis j'te rappelle bientôt, là.

♪tidou♪

Tu non mi sbatterai mica il telefono in faccia??

J'te rappelle, m'man.

KLANG

☆ Salut Mélissa?... ☆

testostérone

testostérone

46

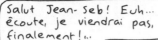
Salut Jean-seb! Euh...
écoute, je viendrai pas,
finalement!...

Han?

Ouin j'cuse-moi de choker
de même, mais j'ai une
amie d'enfance qui est
de passage à Montréal,
ça fait 8 ans que je l'ai
pas vue pis c'est à soir
que bla bla bla bla bla
bla bla bla bla

bla bla bla bla
bla bla bla bla

DRiiiii
liiiiNG!

bla bla bla
bla bla bla
bla bla bla bla
bla bla bla

bla bla bla bla
bla bla bla bla
bla bla bla bla
bla bla bla

KLANG

47

48

50

50

GULP GULP

I drink alone!... Yeah! With nobody else!

toing toing toing!

I drink alone, yeah with nobody else!

52

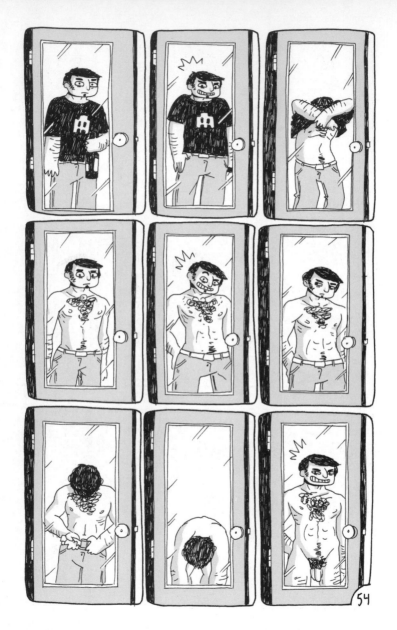

Moi c'est Jean-Sébastien.

Oui, je suis seul ce soir, mais je préfère ça, je suis un solitaire.

Mmm... tu es plutôt vite en affaires, toi.

Mais tu veux uniquement mon corps!... Et le reste ???

Je dois avouer que tu es charmante.

z

55

J'ai fait de la bouffe pour quelqu'un qui a choké, j'ai plein de bouffe à partager.

Super, tu me demandes d'être un bouche-trou!

Un beau bouche-trou d'amour!

Ahah! Cool, je vais apporter un film.

Super, à tantôt!

J'arrive!

MANOLLI PLANET POWER...

MAKE UP!

58

Allo Jean-Seb!

Allo Claire!

J'ai apporté Spaceballs, mais t'es peut-être pas assez intelligent pour ce film-là...

Eh! T'es sur la pochette! Ah non, s'cuse-moi, c'est John Candy.

Pis c'est qui qui a choké? Hein? C'est qui? C'est qui? C'est qui?

Pfff!

Ça te ferait ben trop plaisir de savoir.

Les chandelles? Le gros kit!!? Ataboy! Tu veux, tu veux!...

Mais elle a veut pas, ça a l'air.

A l'aurait pas passé la soirée à me bitcher, ELLE.

Excuse-moi, mais t'es cute quand t'es atteint dans ta virilité.

Sale petite dinde transsidérale.

Sers-moi donc à la place de faire semblant d'être fâché.

60

Un peu plus tard...

Jean-Seb, est-ce que tu me caches des choses ?

Quoi ?

Ben là...

Ah ouin euh... tsé, j'ai pus de job depuis une couple de mois, faque je rationne un peu.

Han ?? T'es short financièrement, pis tu fais des couscous à l'agneau avec des super bonnes bouteilles de vin ??

Ben non, ça va, c'est temporaire...

Pis! Pis! T'as passé 100$ à mon chum la semaine dernière !

Ben là, Stéphane était dans marde.

Garde ton 100 piasses pis remplis ton frigo, innocent!!

63

Mais non mais j'te dis que c'est juste temporaire. J'attends un coup de fil d'une compagnie pour une entrevue, là, je vais recommencer.

Bon, si tu l'dis...

Pis je ferai pas la même erreur que la dernière fois!...

C'est quoi que t'as faite la dernière fois?

Hahaha... J'ai appliqué pour une job en fakant des années d'expérience et des fausses références...

... mais j'avais clairement pas les compétences pour!

Ils m'ont engagé, mais c'était rushant... ils se sont ben aperçus que j'étais poche!

tss.

Pis y ont pas essayé de contacter tes «références»?

Tsé Claire, quand t'as l'air convaincu, quand tu leur montres que t'es le boutte d'la marde (même si c'est faux), ils sont comme hypnotisés et ils croient n'importe quoi.

64

66

T'as juste à leur dire, dans le blanc des yeux :

Vous avez besoin de quelqu'un et y a clairement personne qui va faire la job mieux que moi.

T'as vraiment du culot, Jean-Sébastien Manolli.

Appelle ça comme tu veux.

Mais en attendant, t'as pas de job et ton frigo est vide.

J'ai connu pire.

pssssh

65

Euh... écoute, non, ça marche pas.

Arrête... tu le sais que t'as le goût.

69

Fuck, Claire... je... écoute, j'ai le goût, mais...

... je peux pas faire ça à Stéphane. C'est mon ami pis t'es sa blonde.

Ok, c'est un peu awkward, là.

DRINNNNNG!

Allo?

Salut Jasmin! Qu'est-ce que tu fais?

Ah salut! Bha, pas grand-chose... Je vedgeais.

Ok, j'm'en viens, on va aller prendre un p'tit cornet chez Meuh-Meuh. J'ai peut-être une plogue pour toi, pour jouer dans un band.

SÉRIEUX?!!

Plus tard...

Mmm... est vraiment bonne la crème glacée ici.

À chaque fois que je viens ici, ça me rappelle une histoire du temps où j'étais avec JP.

Ha oui?

74

intermède

une histoire de Maude

racontée par Maude!

« J'étais avec Caro et on sortait de chez Meuh-Meuh. »

À quoi t'as pris?

Heures d'

Rhum & Raisins

meu meu

« J'ai spotté mon chum (tsé JP celui qui jouait avec Monsieur Robot à l'époque) assis à la terrasse de l'Escogriffe. »

Eille! On va aller lui dire allo!

Ok.

« Donc je traverse et je le retrouve assis avec Natasha Savage et super saoul à 4h p.m.... Tsé Natasha, la fille qui avait flashé ses boules à votre dernier show des Pipes? »

NATASHA SAVAGE

WOUUU OUUU OUU!!!

Natasha Savage!?Ouache!! Est dégueu cette fille-là...

Ouain ben t'es ben le seul gars à Montréal qui pense ça...

75

Hé! Salut bébééé... comment ça va!

Hannnn!! D'la crème glacée!!! J'peux-tu en avoir?

« Pis là, elle m'a pris le cornet des mains avant que j'puisse répondre quoi que ce soit pis a s'est mise à le licher comme une grosse cochonne ... »

en regardant mon chum!! »

« Après elle me l'a remis dans les mains et la boule est tombée... »

...mais je l'ai rattrapée de justesse!!! »

« Faque j'ai remis la boule sur le cornet... »

SPROTCH

SPLOF!

∫76

78

«On a fini par crisser notre camp sans que je parle à JP... Il était tellement saoul, il avait rien vu aller : il parlait avec d'autre monde...»

Shiiit... Je savais qu'était bizarre cette fille-là, mais pas à ce point-là!!!

C'est à cause de c'te fois-là que t'as laissé JP?

HAHAHA!! Non, c'est LUI qui m'a laissée, mais ben après...

Ennnntoucas... faque ouais, j'te disais que j'avais une plogue pour toi...

Ouais!

Ben... y'a Les Doigts sales qui jouent ce soir au Divan Orange...

Ouain, pis, je les ai vus mille fois en show...

Ben, leur claviériste déménage à NYC...

... faque y cherchent un remplaçant... pis tsé on a souvent fait leur première partie avec mon band...

HEIN!! TU VAS ME PRÉSENTER LES DOIGTS SALES!!

WAHAHAHA!!! C'est débile! C'est SÛR que j'vais être là!

78

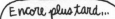

89

Ben non... tchèke, j'ai les câbles qu'on a utilisés avec mon cousin pour l'attacher après son char...

Pis, SHIT, JASMIN! ça va juste être TROP COOL!

Moooouuuais... Ok. Mais c'est toi qui montes tirer sur les câbles. T'es plus bâti que moi, tu t'entraînes. Pis en plus, c'est TON idée de mongol.

Ouain... ben j'peux pas vraiment... j'me suis comme... neu... blessé au dos.

Ha ouain? En t'entraînant?

Eille, j'ai comme un drôle de bouton...

CRRRC

ow!

Heu... ouais, c'est ça. En m'entraînant.

Héhé...

Bon, o.k., j'vais l'faire parce que c'est l'fun jouer au ping-pong, mais t'es mieux de pousser fort pendant que je tire.

YESSSS!!!...

Ouain... entoucas tu m'en dois une là...

88

Une heure et demie, plusieurs engueulades et ben du sacrage plus tard...

Pfiou! Bon, maintenant j'ai le toit le plus cool de Montréal!

Je crois qu'on mérite une 'tite bière... En as-tu ou j'vais en acheter?

J'en ai... descends avec moi pour m'aider à les monter.

Allooo Legolaaas!

?

Le bô ti menou!

Eille me semble qu'y doit trouver sa vie plate des fois... non?

Pogné dans un appart...

Prrr Prrr

89

91

91

95

Tsé, le jour où tu seras vraiment amoureux... — hhh — qu'a l'aille le ventre mou, les dents croches ou les pieds qui puent — hhh hhh — ça va te passer dix pieds par-dessus la tête.

Hhh hhh

Tsé... c'est pas — hhh · hhh — c'est pas parce qu'une fille te fait bander que t'es — hhh hhh — que t'es amoureux, tsé.

Hhh hhh Merci, maître Manolli.

Nan mais — hhh — chu sérieux, là — hhhh —

eille, attends deux — hhhhh — secondes, là...

hhh hh

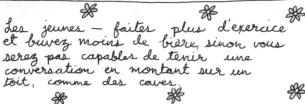

Les jeunes — faites plus d'exercice et buvez moins de bière, sinon vous serez pas capables de tenir une conversation en montant sur un toit, comme des caves.

hhh

hhh hhh

hhh hhh

hhh hhh

95

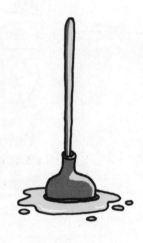

Hey hey! Salut beauté!

Salut Jean-Sébastien.

Jasmin, je suis venu te demander si je pouvais garder le minou en fin de semaine.

Quoi, tu reçois une fille?

Meeuh non, j'ai juste envie de m'occuper de ce gros minou d'amour, héhé! ♡ ♡ ♡

Tarla.

Yé où, le minou? Miiiinou minou !!!

SHHH!

AACHE! Yé mouillé! Kessé ça??

MAAA

(104)

Ah ouin. J'ai un problème de toilette...

...doublé d'un problème de coloc.

AAAARK !!!!

M'as te régler ça, c'te problème-là ! Jasmin, va chercher trois bières.

Euh...

Eh, j'reste pas, moi !

OSTIE, FAUT QUE J'SACRE MON CAMP AU PLUS CRISSE.

105

111

C'est qui qui m'a faite pardre mon chow mein!

C'est qui qui m'a faite pardre mon chow mein! M'as y sacrer une volée!

C'est lui là-bas, dehors, il a pompé la toilette d'en haut comme un con pis ça l'a débordé!

Y m'a faite pardre mon chow mein!

Y m'a faite pardre mon chow mein!

hé hé.

Fuck, c'est barré.

Haaaa... On le retrouvera jamais... Julie pis les autres vont me TUER!

Ha!! J'suis con!!! J'aurais dû amener des croquettes!!! En secouant le sac ça va attirer Legolas!

Pis y'est pas question que je me promène sur St-Denis en criant LEGOLAS!!!

ViTE!!! Y'est encore temps de retourner les chercher!!

NON! NOOON! LÂCHEZ-MOI, C'EST UNE URGENCE! MON CHAT S'EST SAUVÉ SUR ST-DENIS!

TU M'AS FAIT PARDRE MON CHOW MEIN!

?!!

Mais... mais vous comprenez pas, c'est ben BEN important que je retrouve mon chat...

J'M'EN CRISSE DE TON CHAT MOÉ, TU M'AS FAIT PARDRE MON CHOW MEIN!!!

ouch

Qu'est-ce qui se passe J-S?

Je sais pas, man!! J'étais revenu chercher mon t-shirt pis y m'a sauté dessus!!!

À CAUSE DE LUI Y'A DU JUS D'MARDE DANS MON CHOW MEIN!

113

Mais... monsieur, c'est parce que......... heu, ma FEMME est enceinte... Pis... heu...

... Si elle apprend que j'ai perdu son chat, elle... elle risque de vraiment avoir ben ben d'la peine... Tsé ça fait 15 ans qu'elle l'a ce chat-là!

Pis là, si elle vit un gros stress de même, j'aurais ben peur qu'a fasse une fausse couche...

?

Hein Jasmin?

Heu... ouais ouais...

HA BEN MON GARS T'ES CHANCEUX!! Gildor laissera jamais une tite femme dans l'trouble. OH NON!! M'as t'aider à l'trouver ton chat moé!!!

PAF

114

Mais dis toé ben une chose le jeune : c'est ben juste pour ta femme que je l'fais, parce que sinon t'aurais eu mon poing dans' face. Ok ?

ok

Glp.

Bon... heu j'ai pas MES clés moi... Jasmin as-tu toujours les doubles que je t'avais fais cet hiver?

Heuuuu... nonnnn... On avait laissé la porte ouverte en sortant, mais elle a dû claquer avec le vent...

Mais... me semble avoir remarqué que la fenêtre de TON salon était ouverte quand on est partis...

OK! J'vais faire le tour et passer par la ruelle en arrière!!! Attendez-moi ici!

...hêhê... entoucas, y'a un méchant problème de plomberie chez eux!! hêhê...

M'as y arranger ça moé, j'connais ça!

Heu... ha! Non... J'pense qui va faire venir un plombier là...

Faque comme ça y va être papa?

Heu... ouais, hêhê.

Eille! Ben cibole! J'étais en train d'oublier mon fils au resto chinois! M'as aller l'chercher y va nous aider!

M

115

117

Pfffff. clic!

JASMiN!!! Legolas y'est en haut, dans l'appart!

Ha!

HEiN?

PEU IMPORTE! ViTE, remonte! Le gars s'en revient avec son fils!

Tchèke, y'est là!

Hé ben... y'a du remonter tout seul avant que la porte se ferme.

DiNG DONG!

On l'a pogné votre chat!!!

MAAA AAW!

116

Heu...non c'est pas lui, merci. C'est beau, on l'a trouvé...

Oh... Ok. Tu diras allo à ta femme là!

Heu... ouais... !! Bye!

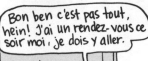

Bon ben c'est pas tout, hein! J'ai un rendez-vous ce soir moi, je dois y aller.

Ouais. Moi j'vais appeler le proprio et un plombier pour la toilette... Oh, pis 'en t'en allant, tu jetteras un coup d'œil pour Maude... faudrait lui dire qu'on a trouvé Lego.

Avec plaisiiiiir...

OUUUUFFF!

Quand même... faut le dire à personne, mais tu m'aurais manqué si tu t'étais sauvé pour debon...

Prrrr
Prrrr
Prrrr

117

122

124

125

125

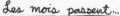

Tiens, c'est ma chambre. On va s'installer sur le bureau.

OK.

Bon... La tapette invite ses amis tapettes astheure.

Ahi, ta yeule, françois.

Qu'est-ce que tu viens de dire, bouboule?

Laisse-nous tranquilles!

Répète ça, pour voir, bouboule?!

MAMAAAN! FRANÇOIS Y NOUS DÉRANGE!

FRANCESCO! Smettila di disturbare tuo fratello!

126

129

130

C'est quoi « Jack L'Éventreur » en anglais ?

Chē pas-tiens, check dans le dictionnaire.

(Eille, j'me demande comment que ça a été inventé, le dictionnaire...)

Éventreur: disemboweler.

Jack the disemboweler!

YEAH !

Regarde, ça, c'est une scène de meurtre.

Euh... ça, ça passera pas dans le cours.

On a juste à faire une version pour le prof pis une version pour nous !

Ouais, ok !

Pis la version pour nous, on pourrait l'envoyer à des ÉDITEURS !

Est-ce que... est-ce que je peux voir tes autres dessins ?

129

Avez-vous besoin d'aide, madame Manolli?

Aaaah! Jasmine, tou es tellement joli!

Tou peux aller porter cé plat à la table.

Francesco! Viens manndger!

FRANCESCO!

FRANCESCO!

mmm... ♪ mmmm ♫ mmm ♪ mmm

135

Alors, Jasmine, tou es dans la même classe qué Jean-Sébastien?

♪ ♫ ♪ ... ♪ ♫ ♪ ♪ ♪ ♪ ♪

Euh... oui.

♪ ♫ ♪ ♫ ♪

C'est bien! Jé té trouve très joli!

♪ ♫ ♪ ♪ ...

M... Merci.

♪ ♫ ♪ ♪ ♫ ♪

Et qu'est-cé qu'ils font, tes parents, Jasmine?

136

Silence à table.

Arrête de pleurer, tout de suite!

Salut! c'est ton p'tit frère préféré !!!

Ha, j'te dérange? T'es dans un shooting? Ben ça sera pas long.

J'voulais juste savoir si tu pouvais parler à Papa... Il avait dit à maman pis Josée qu'il venait à Noël pis là il vient pus pis elles sont en train de brailler dans le salon.

Tu y parlerais-tu? Y t'écoute toi... Pis j'ai pas envie de passer un Noël de marde comme l'an passé.

Ben non c'est pas parce que je veux qui reviennent ensemble!! J'veux juste que Josée pis maman soient contentes. J'm'en crisse de papa moi.

Ben oui... je sais qu'y nous aide beaucoup, mais y'a pas juste le cash dans la vie, faudrait qui soit là aussi des fois.

QUOi?!! Parce que toi non plus tu seras pas là?

141

Jean-Seb!

Mm?

Tu viens-tu avec nous autres, finalement?

Fumer un bat avant le cours de maths?

Come on! ça va être drôle!

Ben... ché pas...

Quoi? T'as peur que ton papa le décooooouvre??

Pfff! Non!

Rien à crisser!

DJiii-EEESSE!

Allo bébé.

Salut Christine!

Allo.

143

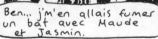

144

146

(Le cotte: vient de «cut», petit morceau de carton qu'on roule et insère en guise de filtre dans un joint de marijuana.)

une semaine plus tard.

JASMIN!

?

JAAAASMIN!

hh hh

Qu'est-ce qui s'passe ??

Christine m'a crissé là!!!

Heu... ha ouain? Comment ça?

Ben, sa "best" m'a donné une lettre de sa part à la pause.

Salut Js, je crois qu'on serait mieux de cassé.

xxx Christine

Pis elle t'a pas donné d'explication ni rien?

Non, juste la lettre.

Ha...

Viens donc chez nous jouer au nintendo? Ça va te changer les idées...

Ok, mais pas trop longtemps. C'est la fête de ma soeur ce soir.

147

149

Haaaa... C'était tellement la femme de ma vie. Elle était _parfaite_!!

Ben non... tu vas en trouver une autre. Une de perdue dix de retrouvées!

Oh boy...

Snif

DRRRRiiiNG!

JAAASMiiiiN! Téléphone, c'est une ✿ fille! ✿

Heu... allo?

Snif

Heu... ha... allo... j'peux pas te parler là... chuis avec js...!!

Ok, ciao!

Moi aussi ... ouais.

Une fille!! C'était qui? Tu t'es fait une blonde mon p'tit cachottier?

C'est qui? Maude? Ah oui, c'est sûr que c'est Maude!!

148

Non...heu...c'est Christine. On sort ensemble depuis ce midi.

QUOI ?!!

Ben... je croyais qu'elle te le dirait dans la lettre.

Pis _toi_! Pourquoi _TOI_ tu me l'as pas dit?!!

Ben ça s'est passé tellement vite...

Mais me semble que c'est le genre d'affaire qu'on dit à un meilleur ami!!

...ou je devrais dire EX meilleur ami!

Entoucas! Amuse-toi bien avec Christine. Anyway, elle embrasse mal !

CLAC

Snif

149

Estie d'tabarnak de câlisse de crisse de marde d'estie

Ooo

d'tabarnak de câlisse de crisse de marde d'estie de Jasmin de tabarnak

CLANG!

SOFIA!

BONNE FÊTE SOFIA

AAAAAAAAA

SOFIA! BASTA!

O moi Dio! Signore!...

150

UCCIDERO' TUTTI VOI !

JE VAIS TOUS VOUS TUER !

Ok là elle nous menace avec un c-c-couteau...

On arrive.

AAAAAAA!

SOFIA! POSA QUEL COLTELLO! SUBITO!

POSE LE COUTEAU, TOUT DE SUITE !

NON TOCCATEMI! STRONZI!

ZWIP!

NE ME TOUCHEZ PAS! SALAUDS !

ZWIP!

STRONZI !

ZWIP!

152

154

UCCIDERO' TUTTI VOI, UCCIDERO' TUTTI!

JE VAIS TOUS VOUS TUER, TOUT LE MONDE!

UCCI...

François! Aide-moi à la retenir!

J-S, va aider papa!

LASCIATEMI!

LÂCHE-MOI!

LASCIATEMI! LASCIATEMI!

154

Drôle de journée, hein...

156